# Vampiros Energéticos

reconocimiento y defensas

Vampiros Energéticos
reconocimiento y defensas
Omar Coello, 2014

Mail: divinasimplicacioneshumanas@gmail.com

Diseño de portada: Omar Coello
Diagramación: Omar Coello
Foto portada:
Segunda edición
Madrid - España 2018

Ediciónn especial para Amazon.com
ISBN: 9781730826818
Sello: Independently published

Reservados todos los derechos. No se permite la reproducción total o parcial de esta obra, ni su incorporación a un sistema informático, ni su transmisión en cualquier forma o por cualquier medio (electrónico, mecanico, fotocopia, grabación u otros) sin autorización previa y por escrito de los titulares de copyrihgt. La infracción de dichos derechos puede consitutuír un delito contra la propiedad intelectual.

Omar Coello

# Vampiros Energéticos

reconocimiento y defensas

Omar Coello
Vampiros Energéticos
reconocimoento y defensas

*A Sonia,
mi compañera de vida en esta vida,
por el reafirmar en nuestro constante de aportar en base
a nuestra verdad y ayudar al cambio de la conciencia
individual que haga posible el cambio de la conciencia
colectiva.*

# INTRODUCCIÓN

Es la intención de este pequeño libro, tratar de manera seria, objetiva y clara, un tema que a todos nos atañe. El de los Vampiros Energéticos, o chantajistas emocionales.

Abordaremos en estas páginas la manera de reconocerlos, lo que influyen en nuestra vida y de cómo podemos aportar con sugerencias tácticas de reconocimiento y defensa ante estos seres que forman parte del ejercicio que necesitamos para ir haciendo de nuestra evolución una constante.

Las relaciones son una prueba constante; constantemente invitan a crear, expresar y experimentar las más elevadas facetas de uno mismo, las mayores visiones de uno mismo, las más magníficas versiones de uno mismo.

En ninguna otra parte podemos realizar esto de un modo más inmediato, efectivo e inmaculado que en las relaciones. En realidad, si no fuera por las relaciones no podríamos realizarlo en absoluto.

Sólo a través de nuestras relaciones con otras personas, lugares y acontecimientos podemos existir (como una cantidad cognoscible, como algo identificable) en el universo.

Recordemos: en ausencia de algo distinto, no somos. Somos únicamente lo que somos en relación a otra cosa que no es. Así es en el mundo de lo relativo, a diferencia del mundo de lo absoluto, en el que la Divinidad habita.

Es por eso que saber identificar(nos) en un lado o el otro es vital para nuestra subsistencia en este plano físico. El permitirnos no permitirnos que el daño sea parte de nuestra vida, no mas, que para reconocerlo y descartarlo. Cada ser que aparece en nuestra vida viene con el objetivo de mostrarnos lo que nos sirve, y lo que no nos sirve. Por ello, sepamos identificar lo que sí, y lo que no.

El malestar y la enfermedad son los contrarios de la salud y el bienestar, y se manifiestan en nuestra realidad a petición nuestra. No podemos caer enfermos si a un determinado nivel no lo provocamos y lo permitimos nosotros mismos, y podemos estar bien de nuevo en un cierto momento simplemente decidiendo estarlo. Los estados de profunda frustración personal son respuestas que hemos elegido, y las calamidades mundiales son el resultado de la conciencia mundial.

Por ello no condenemos, pues, todo aquello que llamaríamos malo en el mundo. En lugar de ello, preguntémonos qué es lo que consideramos malo y, en su caso qué podemos hacer para cambiarlo.

Es obvio que maltratar o destruir deliberadamente a otra persona no es precisamente la acción más elevada. Es obvio que resulta igualmente inapropiado descuidar las necesidades de quienes has hecho que dependan de uno.

El sufrimiento es un aspecto innecesario de la experiencia humana. No sólo es innecesario; es también insensato, desagradable y peligroso para la

*Omar Coello*

salud.

Omar Coello
San Lorenzo de El Escorial.  España
2014

**1**

## Vampiros Energéticos

La autora del libro maldito *Autodefensa psíquica (Psychic Self Defence)*, la ocultista británica Dion Fortune, siempre se mostró interesada en los vampiros energéticos, cuestión que en cierta forma favoreció a sus críticos, ya que éstos a menudo la acusaban de aliviar su hostilidad contra los hombres a través de la figura mítica del vampiro.

    La señora Fortune observó que existen distintas razas de vampiros energéticos, y que cada una de ellas opera asumiendo distintas personalidades. La primera asombra por su banalidad e incluso por la ausencia de anomalías y características que inviten al profano a considerar estar frente a un vampiro, para ella todas las "víctimas" son en definitiva, vampiros. No estamos hablando de víctimas de algún tipo de accidente, sino de aquellas personas que se *victimizan*, que hacen de sí y de sus problemas el centro gravitacional de quienes los rodean. Aparte de Dion Fortune, que observó en este tipo de personalidad los rasgos del vampiro energético, son varios más quienes han tratado el tema, entre ellos: el ocultista Eliphas Levi, autor de: *Dogma y ritual de la alta magia (Dogme et Rituel de la Haute Magie)*, *El gran arcano del ocultismo revelado (Le Grand Arcane, ou l'Occultisme Dévoilé)*, *El libro de los esplendores (Le livre des splendeurs)*, *El libro de los sabios (Le Livre des sages)*, *Historia de la magia (Histoire de la magie)* y *La ciencia de los espíritus (La Science des Esprits)*. Eliphas Levi, sostiene que las personas con tendencia a victimizarse son en realidad voraces vampiros energéticos.

Veamos algunas de las características de un vampiro energético basándonos en los análisis que hacen estos dos investigadores.

Los vampiros energéticos elaboran una suerte de teoría irrefutable sobre sus propias limitaciones e infortunios. Tanto íntimamente como de forma explícita, se consideran incapaces de enfrentarse al mundo. Suelen quejarse a viva voz de sus problemas y desgracias. Desde su forma de ver, el mundo "está en su contra". Nunca son ellos los responsables de sus desdichas y siempre encuentran algún culpable fuera de él. Se define al vampiro energético como aquel que busca incansablemente a los responsables de entorpecer su destino, evitando el único sitio donde puede encontrarlos: un espejo.

Eliphas Levi ofrece más detalles sobre los vampiros energéticos. Señala que todos ellos son tozudos pesimistas. Buscan atraer la atención de los demás con gestos serios, preocupados; suspiros teatrales, temblores, estremecimientos, llantos, miradas perdidas, respuestas pausadas, crisis reiterantes y relatos que giran en torno a un estado perpetuo de desdicha. De este modo -apunta Eliphas Levi- este tipo de vampiros energéticos se ubica en un estado de vulnerabilidad que les permite acceder a la comprensión ajena. Desde luego, ningún vampiro energético busca realmente solucionar sus problemas, por el contrario, estos son su fuente de energía, su motor para manipular a quienes tienen la mala fortuna de rodearlos. Dion Fortune suscribe esta inclinación de los vampiros energéticos por mostrar su vulnerabilidad, ya que con ella seducen a sus oyentes.

El vampiro energético se convence -y convence a los demás- de que es una víctima. Más aún, vive en un constante estado de defensa. Ofrece excusas sin motivo, explica su situación reiteradamente, habla más de lo que escucha, y siempre de sí mismo. Cuando alguien le ofrece una solución la deshecha rápidamente, y cuando no encuentra eco para sus quejas se muestra ofendido por la falta de interés de sus oyentes.

Según Eliphas Levi, todas las personas que luego de exponer con minuciocidad toda clase de problemas imaginarios preguntan: "¿Qué debo hacer?" Tienen algo de vampiros energéticos, los que luego de recibir nuestra respuesta sensata actúan como si nada hubiese sucedido, pasan a engrosar una clase de vampiros que no busca alimentarse de energía emocional, sino que encuentran un placer solaz en perpetuar *ad infinitum* su situación de víctimas, haciendo que cada sugerencia sea descartada con un abanico aparentemente interminable de argumentos. Dion Fortune sostiene que no existen estacas lo suficientemente eficaces para tratar con esta clase de vampiros energéticos, o crucifijos capaces de repelerlos. Lo que sí existe es la posibilidad de identificarlos y ahuyentarlos al minimizar sus tragedias, casi siempre miserables. No hay vampiro energético que tolere una burla sobre sus problemas. Basta reírse un poco de ellos e invitarlos a revisar la naturaleza frívola de sus inquietudes, para que retornen a sus ataúdes vaporosos y recurran con urgencia a otros oyentes más proclives a las abducciones energéticas.

Antes de diagramar una estrategia de defensa contra un vampiro psíquico, se aconseja averiguar primero si también nosotros pertenecemos a esta estirpe nauseabunda. Evacuadas estas razonables dudas, podemos pensar en una legítima defensa contra el vampiro psíquico. El primer paso es reconocerlo. Una de las características del vampiro psíquico es la victimización, desde luego, fraudulenta, que no responde a cuestiones objetivas, sino a especulaciones puramente imaginarias. En su primera fase de desarrollo, antes de ganar confianza e influencia sobre nosotros, el vampiro psíquico manifiesta una personalidad dubitativa, inarticulada, como carente de las herramientas necesarias para enfrentarse al mundo y sus frustraciones. El vampiro psíquico pasa largas y agotadoras jornadas quejándose de sus problemas, desgracias, angustias; imaginarias o confirmadas debidamente por el testimonio de testigos ociosos.

Podemos pensar en el vampiro psíquico como aquel sujeto que considera que existe una conspiración mundial que busca perjudicarlo, o, en palabras de especialistas, de que tiene la certeza íntima de que el universo entero está en su contra, lo que ha llevado a la conclusión de que el vampiro psíquico siempre inicia sus ataques mostrándose como alguien inofensivo, casi cobarde.

Tomando en cuenta las dimensiones de su enemigo, no es irracional que el vampiro psíquico ubique a sus rivales en todas partes, aún entre sus allegados más tolerantes. El vampiro psíquico es, sobre todo, un eterno pesimista y proyecta sus efluvios siniestros mediante gestos ceñudos, expresiones faciales atribuladas, suspiros sin causa aparente, tembleques, llantos repentinos, fiebre, tos, flatos, miradas abstraídas, respuestas lentas y campestres, y anécdotas tediosamente autorreferenciales. Toda esta quimera de virtudes diabólicas es proyectada en medio de crisis dramáticas en las que no faltan las promesas de suicidio. Quienes desconocen los ardides del vampiro psíquico pueden caer fácilmente en sus redes, tal vez por simpatía o por simple aburrimiento. Existe una seducción en la vulnerabilidad.

Abundan los imbéciles que se sienten calificados para ayudar a los demás aún a despecho de su salud mental. Lo que estos anacoretas samaritanos desconocen es que el vampiro psíquico no busca resolver realmente sus problemas, por el contrario, todos ellos rechazan vivamente las soluciones en proporción directa con su eficacia. El vampiro psíquico primero busca convencer a los demás de sus problemas y luego dar interminables excusas para no encontrar una solución. Existen valiosas herramientas para defenderse de un vampiro psíquico, descartando por supuesto los métodos tradicionales, como las estacas y balas de plata, éstas últimas, por cierto, notablemente difíciles de conseguir. Lo principal es reconocerlos, y acto seguido orientar el rumbo hacia horizontes menos nocivos para la salud mental. El vampiro psíquico es indestructible salvo por su enemigo más insospechado: él mismo. Hasta que aquel conflicto finalice, la única defensa recomendable es huir.

2

## Tipos de Vampiros Energéticos

En el capitulo anterior hablaba sobre como reconocer y protegerse de un vampiro energético. Esta vez trataré de especificar en resumidas cuentas las cualidades, atributos y rasgos que nos permitan identificar quién es un vampiro energético.

Así como la felicidad es "infecciosa", también lo son la envidia, el odio y el miedo: los tres atributos esenciales de los vampiros energéticos.

El vampiro energético es, en esencia, el opuesto de aquellas personas con las que podríamos pasar horas enteras sin darnos cuenta: hablando, compartiendo momentos; en definitiva, personas que nos llenan de energía, que nos hacen sentir vivos.

Los vampiros energéticos, por el contrario, promueven un constante sentimiento de infelicidad. Nos hacen sentir agotados, miserables, físicamente exhaustos e incómodos. Incluso durante una llamada telefónica logran absorber grandes cantidades de energía.

Desde luego que no todos los vampiros energéticos son iguales. Muchas personas con buenas intenciones no logran equilibrar su propia energía mental y, en consecuencia, hacen descender los niveles de los demás para balancearse con los suyos.

Por suerte existen algunos tipos de personalidades muy marcadas que pueden identificarse rápidamente como vampiros energéticos.

Naturalmente, esto es apenas una simplificación brutal, pero creo que sirve a modo de ejemplo. Todos los casos valen tanto para hombres como para mujeres, y como menciono en el anterior escrito:

*-Se define al vampiro energético como aquel que busca incansablemente a los responsables de entorpecer su destino, evitando el único sitio donde puede encontrarlos: un espejo-.*

*Omar Coello*

# 3

## 10 tipos de personalidad de vampiros energéticos:

### 1. La Víctima:

Podríamos resumir este tipo de personalidad de vampiro energético como aquel que, con o sin evidencias objetivas, considera que todo el mundo está en su contra. Sus quejas rara vez conducen hacia algo constructivo, por el contrario, el propósito principal de sus lamentos es atraer la atención de los demás.

## 2. El Culpador:

Básicamente es aquel que desliga responsabilidades en los demás y nunca las asume como propias. Nunca se siente culpable de sus acciones; en todo caso, éstas siempre son justificadas con argumentos falaces. A todos señala con dedo acusador.

## 3. El Dramático:

La personalidad dramática intenta desesperadamente capturar la atención de los demás, no importa el costo, que puede oscilar desde el ridículo a lo patético. Las razones tampoco suelen ser claras. Todo lo dramatiza. Todo lo exagera. Todo lo saca de proporción. Rompe en llanto por cualquier motivo.

## 4. El Ofendido:

Es incapaz de lidiar con el rechazo. Se ofende frente a cualquier negativa o actitud que contradiga sus deseos. Suele ser firme en sus ofensas, que no se evacúan rápidamente. No es infrecuente que "castigue" a quienes supuestamente lo han ofendido.

**5. El Celoso:**

No solo cela a su pareja por motivos insignificantes, sino a todo el mundo y por cualquier cosa. Sus celos se disparan cuando la atención de quienes lo rodean se dirigen hacia alguien más. Puede ser una personalidad muy peligrosa si no se le marcan límites claros.

**6. El Inseguro:**

No hablamos aquí de la persona tímida, sino del sujeto inseguro que arrastra a los demás a su propia atmósfera. La persona sanamente insegura prefiere evitar las situaciones que le incomodan, el inseguro, en cambio, hace que todos participen de sus miedos.

**7. El Paranoide:**

Vive lleno de ansiedad, de miedo; todo su entorno vibra en un ritmo caótico que se acentúa todo el tiempo. Prevé planes nefastos en contra suyo. Anticipa desgracias que nunca ocurren. Teme perderlo todo y nunca arriesga nada.

**8. El Entrometido:**

No solo se entromete en la vida de los demás sino que se siente partícipe exclusivo de las decisiones de otros. Suele esparcir rumores maliciosos y comentarios inapropiados.

**9. El Egoísta:**

Todo se relaciona con él y nada más que con él. Incluso el clima parece diseñado para perjudicarlo. Todo el cosmos, hasta su molécula más ínfima, gira alrededor de él.

**10. El Demandante:**

Nada es suficientemente bueno, nada lo satisface. Vive en un perpetuo estado de insatisfacción. Corre desesperadamente para alcanzar objetivos que luego descarta sin vacilaciones. Nada le gusta. Nada le resulta cómodo. Nada le causa placer. Exige más, lo demanda todo, siempre.

## 4

**Vampiros Energéticos en el trabajo y la vida diaria**

Los vampiros emocionales te acechan, incluso mientras hablamos. Están en el cubículo de al lado, en la recepción, en las escaleras o en la oficina del rincón. No es tu sangre lo que consumen; es tu energía emocional. No hablamos de las molestias que ocurren todos los días, ni de la gente gruñona, despistada o desmotivada. No, los vampiros son auténticas criaturas de la oscuridad.

Tienen el poder, no sólo de irritarte sino de nublar la mente con falsas promesas e hipnotizar a todos para que crean que son las mejores personas en el trabajo, cualquiera que éste sea. Atraen gente, la consumen, la dejan agotada y exhausta, todavía preguntándose en la noche y sin poder dormir: ¿serán ellos o soy yo?

Son ellos: los vampiros emocionales.

El mundo de las organizaciones está lleno de vampiros emocionales, incluso en la cima. Su habilidad para cambiar de forma y nublar la mente les permite prosperar en culturas donde lo que se ve es más importante que lo que se es. De hecho, como veremos, los vampiros emocionales crearon estas culturas.

No importa dónde trabajes, no puedes escapar de ellos. Cómo manejes a los vampiros emocionales en tu organización tendrá un profundo efecto en el curso de tu carrera y en tu calidad de vida.

Entonces, ¿quiénes son estos depredadores, nubladores de mentes, cambiantes de forma, que ejercen tal poder en los negocios, las organizaciones no lucrativas, el ejército y la política? De hecho, son personas con un tipo particular de discapacidad mental. A principios del siglo XXI, usaba el término vampiros emocionales para describir personas con desórdenes de personalidad. La melodramática metáfora es simplemente psicología clínica, disfrazada con un traje de Halloween, pero les queda perfecto. Los vampiros son depredadores peligrosos que se evaporan con la luz de sol, pero aparte de eso, son mucho más emocionantes y atractivos que las demás personas. Hoy en día todos quieren ser vampiros, tener una cita con alguno o por lo menos leer libros y ver películas sobre ellos. Lo mismo pasa con las personas con desorden de personalidad. Pueden ser inmaduras y peligrosas, pero nos enamoramos de ellas, las elegimos en la oficina, las contratamos en las grandes corporaciones y las vemos en la tele.

Las personas con desórdenes de personalidad son, como los vampiros, primero y sobre todo, diferentes. Parecen mejores que la gente normal, pero a menudo actúan mucho peor. Es cierto que los vampiros hacen cosas que lastiman a otras personas, pero eso no los hace tan peligrosos y agotadores. Lo que causa más dolor son nuestras propias expectativas. Si creemos que piensan y actúan igual que nosotros, no veremos el riesgo, pues pensaremos que seguramente esta vez entrarán en razón. No lo harán, y nos capturarán una y otra vez. El conocimiento es la única protección. Para evitar ser consumidos, debemos saber que los vampiros son diferentes y entender exactamente cuáles son estas diferencias.

Los vampiros emocionales no se dan cuenta de las necesidades irracionales que los mueven. Como los niños pequeños, casi nunca se auto-examinan, sólo van tras lo que quieren. Ésta es el área vulnerable que debes explotar. Si conoces su necesidad, conoces al vampiro. Si sabes lo que espera, entonces puedes defenderte. Conocer a los vampiros es necesario, pero no suficiente. También debes conocerte a ti mismo. Tu personalidad ofrecerá fortalezas y debilidades para lidiar con los diferentes tipos de vampiros. Por ahora, vamos a conocerlos a ellos.

**Antisociales:**

Los vampiros emocionales antisociales son adictos a la emoción. Los llamamos antisociales, no porque no les gusten las fiestas, sino porque ignoran las reglas sociales. Los antisociales aman las fiestas. También el sexo, las drogas, el rock and roll, apostar con el dinero de otros y todo lo que sea excitante o estimulante. Odian el aburrimiento más que una estaca en el corazón. Todo lo que quieren es un buen momento, un poco de acción, mucho dinero y complacer de inmediato cada uno de sus deseos.

De todos los vampiros emocionales, los antisociales son los más sensuales, excitantes y divertidos. La gente los acepta fácil y rápido, e igual de rápido, caen en sus redes. Estas personas no tienen mucho que ofrecer, salvo momentos divertidos. ¡Ah, pero qué momentos! Como todos los tipos de vampiros, los antisociales te presentan un dilema: son Ferraris en un mundo de Toyotas, hechos para la velocidad y la emoción. Estarás muy decepcionado si esperas que sean confiables o digan la verdad.

Los antisociales te ofrecen un mundo paralelo, hecho a tu medida. Como veremos, son hipnotizadores naturales y practican algunas técnicas utilizadas en el escenario para hacer que la gente actúe como ovejas. La hipnosis es el recurso de los vampiros. Los antisociales son los hipnotizadores más sutiles, aunque todos los tipos de vampiros atraen a personas, ofreciéndoles un mundo paralelo demasiado bueno para ser verdad.

Los antisociales y los demás vampiros emocionales se comunican de forma diferente a la gente normal. Para la mayoría de nosotros, la comunicación permite expresar lo que pensamos, sentimos, o alguna situación. Cuando los vampiros emocionales se comunican, todo lo que dicen está encaminado a lograr un efecto en la persona que escucha. La verdad es irrelevante.

**Histriónicos:**

Los vampiros emocionales histriónicos viven para la atención y aprobación. Su especialidad es verse bien. Todo lo demás, son detalles sin importancia. Los histriónicos tienen lo que se necesita para entrar en tu negocio o en tu vida, pero ¡cuidado!, histriónico significa dramático. Todo lo que ves es un espectáculo y no lo que tendrás.

Los vampiros no pueden ver su reflejo en el espejo. Los histriónicos, ni siquiera ven el espejo. Son expertos en esconder sus intenciones egoístas. Creen que son personas maravillosas que nunca hacen nada mal, como cometer errores o tener malos pensamientos.

Como jefes, evitan los conflictos, pero se distinguen porque crean discordia al ignorar problemas. Intentan dirigir con magia, creyendo que a lo que no le pongan atención, simplemente desaparecerá. Más que atender los detalles diarios, se concentran en lo que consideran un panorama general de conceptos.

Motivación es su término favorito. En el mundo de los histriónicos, si la gente está lo suficientemente motivada, todos los problemas desaparecen.

Si alguna vez te has preguntado quién compra esas brillantes fotos con frases de filosofía oriental que cuelgan en los corredores, en lugar de obras de arte, ya tienes la respuesta.

A veces su infeccioso optimismo puede hacer que incluso los promuevan a director ejecutivo o sean elegidos en la carrera política. Donde sea que estén, los histriónicos se manejan para obtener un gran control sobre las operaciones diarias en cada organización donde trabajan. Son promovidos porque se ven como cualquier director espera que se vean y dicen lo que cualquier director quiere escuchar.

La cultura de los negocios, las organizaciones no lucrativas, el ejército, el gobierno y la política son fuertemente influidas por personalidades histriónicas. En medio del manejo de muchas organizaciones hay un estrato de histriónicos. Deberás aprender a pensar como ellos y hablar su lenguaje si quieres tener buenos resultados.

Los histriónicos son de dos tipos distintos: los Dramáticos que dan pláticas motivacionales y, los más comunes, los Pasivo-agresivos, que enfrentan los problemas ignorándolos. Nunca se enojan, pero de alguna manera, la gente siempre se enoja con ellos.

Los histriónicos odian tratar con detalles aburridos. Los consideran equivalentes a la tortura. Siempre tienen buenas razones para no seguir las mismas reglas que los demás. Si tratas de que hagan algo que no desean, convertirán la oficina en una telenovela o en un drama médico. Son famosos por convertir la enfermedad en una forma de arte. Compadezco al pobre gerente que trate de escribir algo en el "buzón de sugerencias" sobre la revisión anual de un histriónico, o de algún miembro desmotivado de su equipo. Lo importante que debe recordarse de los histriónicos es que resulta inútil tratar de que reconozcan sus propias actividades ocultas. Su mundo interno es tan tenebroso como Transilvania de noche. Tampoco tienen condescendencia. Para lidiar con ellos, recuerda que están hambrientos de atención y aprobación y necesitan halagos en una dosis tan abundante que provocaría nauseas a otras personas.

### **Narcisistas**

¿Has notado que la gente con grandes egos suele ser pequeña en otros ámbitos? Los vampiros emocionales narcisistas quieren vivir sus grandiosas fantasías de ser los más inteligentes, los más talentosos y todo lo relacionado con las mejores personas en el mundo. No es tanto que se consideren mejores que otros, simplemente no consideran personas a los demás.

Los narcisistas en posición de poder son leyendas en su propia mente. Por supuesto, no esperes que vivan con las reglas de los simples mortales.

Los narcisistas presentan un dilema difícil. Aunque hay bastante narcisismo sin grandeza, no hay grandeza sin narcisismo. Sin estos vampiros emocionales, no habría nadie con agallas a quién seguir. Sin importar lo que digan, los narcisistas rara vez hacen algo que no sea egoísta. Mientras tengas algo que desean, actuarán como si fueras tan maravilloso como ellos. En el instante en que consigan lo que buscan, te olvidarán y se moverán a su siguiente fuente de sustento.

Los contratos verbales de los narcisistas son poco confiables. Si quieren un favor, di tu precio y hazlos que te paguen por adelantado. Otras personas serían insultadas por este tipo de sobornos, pero los narcisistas usualmente no. Asumen que todo mundo está buscando ser el número uno, igual que ellos. Piensan que sólo estás siendo directo.

Los narcisistas necesitan ganar. No compitas con ellos a menos que puedas aniquilarlos. Incluso si puedes, ten cuidado. Son conocidos por surgir de las cenizas para vengarse. Mejor deberías acercarte sigilosamente por la espalda, darle un masaje a su ego y aprender cómo brindarles los halagos que necesitan sin rendirte ante ellos.

Si se te dificulta adular, en definitiva tendrás problemas con los narcisistas. Antes de lidiar con ellos, deberías tener una plática sincera con tu adolescente interior acerca de tus propios intereses.

### **Obsesivo-compulsivos:**

Los vampiros emocionales obsesivo-compulsivos son adictos a la seguridad, pues les hace creer que lograrán, con escrupulosa atención en los detalles, un completo control sobre todo. Ya sabes quiénes son: personas con memoria compulsiva que no pueden ver el bosque por el número excesivo de árboles innecesarios, abundantes y repetitivos. Lo que tal vez no sabes es que toda esa atención en los detalles está diseñada para mantener al vampiro antisocial contenido de forma segura.

Sin los obsesivo-compulsivos, no se haría ninguna de las actividades desagradables y difíciles del mundo, nada funcionaría correctamente y ninguno de nosotros haría su tarea, jamás. Para bien o para mal, los obsesivo-compulsivos son los únicos que se preocupan porque ninguno de nosotros se vaya por el mal camino. Puede ser que muchas veces no nos agraden, pero los necesitamos para darnos cuenta de que se trata de elegir y decidir que realmente sirve en nuestras vidas.

Para los obsesivo-compulsivos, el conflicto más importante es interno. No disfrutan lastimando a otros, pero lo harán si tus acciones amenazan su sentido de control. Para los obsesivo-compulsivos, las sorpresas –incluso las más agradables– son como si les rociaran agua bendita. No pretenden herir tus sentimientos, pero se sienten obligados a manifestar su opinión.

### **Paranoicos:**

En un lenguaje común "paranoico" significa que piensas que la gente está detrás de ti.

Es difícil imaginar que puede haber algo atractivo en las alucinaciones de persecución, a menos que pienses en todos los grupos que se enorgullecen de ser minorías oprimidas. Lo que ofrecen los paranoicos claramente es un mundo de ambigüedades. Conocen La Verdad, y están felices de compartirla. Siempre y cuando aceptes su punto de vista sobre el mundo. En el momento en que no estés de acuerdo con ellos, te volverás un traidor. Sin importar las razones de tu desacuerdo, te verán como su perseguidor y actuarán de acuerdo con ello.

Otros tipos de vampiros tal vez hagan tratos, pero los jefes paranoicos te despedirán o te harán renunciar. La vida de los paranoicos tiene reglas grabadas sobre piedra. Y esperan que todos los demás vivan bajo ellas. Siempre están al acecho de evidencias de desviación, y usualmente las encuentran.

La influencia magnética que ejerce sobre ti un paranoico puede desorientar tu brújula moral. Entre más desorientado, mayor confianza sentirás en la seguridad de los paranoicos, y tendrás más miedo de su ira. Es muy fácil perder tu camino. Para empeorar las cosas, resulta que a veces los paranoicos tienen razón. En su búsqueda de la claridad, encuentran bajo el agua los significados ocultos y las realidades más escondidas. Muchos de los grandes moralistas, visionarios y teóricos, son paranoicos. Si no lo estuvieran, simplemente hubieran aceptado todo con un valor aparente.

Desafortunadamente, la paranoia hace una ligera distinción entre las grandes ideas y las desilusiones. La misma motivación de claridad que guía a las grandes verdades religiosas de todos los tiempos guía también a un refresco venenoso y un hombre-bomba.

¿Verdad o desilusión? La decisión depende de ti.

Para retomar tu rumbo moral, debes preguntarte: ¿a quién beneficia? Las grandes verdades nos benefician a todos. Las ilusiones son usualmente egoístas. Sus beneficios sólo son para un grupo reducido de verdaderos creyentes, y la gran rebanada del pastel es para el paranoico en jefe. De ahí que la desilusión es la ira de los débiles.

La paranoia, como todos los desórdenes de personalidad, se manifiesta en diferentes niveles. En pequeñas dosis, la paranoia es la esencia del carisma. En grandes cantidades se vuelve tóxica. ¿Qué tanto es demasiado? De nuevo, eso depende de ti. Pero hasta estar seguro, no tomes ningún refresco.

Una parte importante de cómo protegerte de los vampiros emocionales es entenderte a ti mismo. Si utilizas tus emociones en contra suya, quién eres y cómo piensas determinará el daño que te puedan hacer.

*Omar Coello*

## 5

*No entres dócil en esa buena noche;*

*enfurécete,*

*enfurécete contra la muerte de la luz.*

*Do not go gentle into that good night;*

*rage,*

*rage against the dying of the light*

Dylan Thomas

### Cómo defenderse de los Vampiros Energéticos.

Calcular la posibilidad de que existe un constante intercambio de energía con todo lo que nos rodea es algo que ocurre desde hace miles de años.

Con distintos nombres, propiedades, atributos, esta "energía" es la que los investigadores del vampirismo asocian con los llamados <u>vampiros energéticos</u>, también conocidos como <u>vampiros psíquicos</u> o <u>vampiros emocionales</u>.

Desde luego, los vampiros energéticos no se parecen en nada a los <u>vampiros de la literatura.</u>

El vampiro energético no se alimenta literalmente de nuestra energía, es decir, no metaboliza físicamente nada que pueda ser medido por la ciencia. Se trata, en todo caso, de una alimentación metafórica, aunque con cimientos bastante objetivos.

En el caso de la víctima de un vampiro energético ocurre, al comienzo, un desgaste mental, cierto fastidio que debilita las defensas emocionales y físicas del sujeto.

Nuestro cuerpo responde tanto a los estímulos físicos como a los mentales, es decir, a nuestros estados mentales y emocionales. El vampiro energético, de forma consciente o no, actúa primero sobre nuestra mente y luego, ya debilitados, aprovecha cualquier punto débil en nuestra personalidad.

Los que defienden la postura del intercambio de energías sostienen que los vampiros energéticos no solo son aquellas personas que absorben la energía vital de los demás, algo que, por otra parte, todos realizamos con mayor o menor frecuencia, por ejemplo, de los sitios donde gobiernan los estímulos positivos; sino que, además de absorberla, no ofrecen nada de su propia energía personal.

Por cierto, el vampirismo energético no solo procede de otros individuos, sino también de lugares y grupos de personas.

Todos hemos experimentado súbitas sensaciones de agotamiento en ciertos lugares, en compañía de ciertas personas, sin que nada pueda explicarlo lógicamente.

Muchas personas, por ejemplo, poseen además un gran caudal de energía vital, que se traduce en un humor inquebrantable y gran facilidad para transformarse en ejes grupales. Estos individuos suelen terminar exhaustos al finalizar el día, no solo por el derroche de energía vital que ofrecen a lo largo de la jornada, sino de los ataques de vampiros energéticos que gravitan a su alrededor.

El correcto balance energético del ser solo puede ser medido por uno mismo. Solo uno es capaz de identificar sus zonas de riesgo y cuál es el estado de su "sistema inmunológico energético".

Aprender a conocer estos riesgos, estas zonas y situaciones que consumen nuestra energía psíquica y emocional es un hábito muy saludable que puede ahorrarnos más de un dolor de cabeza, literalmente.

Hablar de "energías" es una simplificación de complejos entramados y balances psíquicos. No conviene pensarnos como pequeñas usinas que desprenden energía, o que la acumulan, como los vampiros energéticos, sino como seres gobernados por la mente, que en todo momento tiende al equilibrio pero que a menudo es desbalanceada por el entorno, las actitudes de los demás o bien a causa del propio sujeto.

Desde siempre las personas más propensas a ser víctimas de un vampiro energético son aquellas que, justamente, trabajan con las emociones; tanto las propias como las ajenas.

Si a esto le sumamos una personalidad sensible, empática, capaz de pensarse a sí mismo en el otro y para el otro, las cosas pueden tornarse aún más peligrosas.

Otra ocupación de riesgo es el <u>estudio o práctica del ocultismo</u>, <u>esoterismo</u> y <u>brujería</u>. Paradójicamente, las personas que operan a favor del bien, es decir, aquellos que cultivan la espiritualidad, también suelen caer en las garras de los vampiros energéticos.

Las personas que han sido atacadas sistemáticamente por vampiros energéticos no solo ven afectado su equilibrio psíquico sino también su salud y relaciones personales. Las emociones que mejor y más rápidamente disparan la absorción de energía son los celos, el odio, el miedo. Combinadas pueden ser catastróficas.

Si bien la recomendación más lógica es alejarse de los vampiros energéticos, esto no siempre es posible.

De hecho, los vampiros energéticos no siempre son sujetos desagradables; incluso puede ocurrir que uno de ellos sea una persona muy cercana, que comparta con nosotros el hogar o el lugar de trabajo.

Los vampiros energéticos pueden mantenerse a raya mediante ejercicios mentales, visualizaciones, meditación, canto de mantras, etc; sin embargo, el verdadero riesgo son las "atmósferas vampíricas".

Uno puede aprender a ignorar a un vampiro energético, e incluso "inmunizarse" y colaborar para que restaure los valores de balance y equilibrio psíquico, pero los lugares, los sitios saturados de emociones e impulsos nefastos son notablemente más resistentes.

Estos lugares, que no solo conforman el arquetipo del relato gótico, como cementerios, casas abandonadas, hospitales, etc, pueden presentarse bajo la forma de una aséptica oficina o un hogar aparentemente cálido. No obstante, la atmósfera está presente. Se la percibe como una presencia obstinada, torpe, ciega, que presiona sobre el sujeto hasta equilibrarlo con su propio desbalance.

Muchos eligen el camino de las "limpiezas", pero en lo personal creo que son los actos simples, los pequeños gestos y una postura firme y paciente las que consiguen erradicar la atmósfera nociva de ciertos lugares y de estos aprovechadores de momentos en que puedan atacar, pues están siempre al acecho de cuando hacerlo, aprovechándose del tiempo y el espacio, ya que esta es su especialidad.

Fuera de su zona de confort cualquiera se enfrenta a la posibilidad de ser víctima de un vampiro energético. No obstante, ese encuentro no decide su resultado ni el ataque nos convierte en víctimas.

La actitud más habitual luego de habernos enfrentado con un vampiro energético, o con una *atmósfera vampírica*, es la que realmente decide nuestras emociones posteriores.

Una postura pasiva genera el caldo ideal para que nuestra energía mental no se renueve correctamente.

En ese caso deberíamos hacer todo lo contrario, regresar a nuestra zona de confort y aprovechar todas las herramientas y hábitos que nos ayuden a recuperar el equilibrio psíquico.

La paz, la alegría, la felicidad, la armonía de ciertos lugares, también son "infecciosas".

El simple acto de luchar contra la adversidad, de enfrentarse con las situaciones desagradables o marcadamente desgraciadas, es una forma de recuperar el balance. La pasividad, por el contrario, es exactamente lo que todo vampiro energético espera de sus víctimas; esa mansedumbre que se transforma en apatía, hastío, desgano, volviéndonos a su vez en objetivos más fáciles de oprimir.

Ahora bien, existen algunos métodos concretos para protegerse de los vampiros energéticos.

El vampiro energético SIEMPRE genera una emoción negativa que fácilmente puede corrernos de nuestro centro de equilibrio. Jamás, bajo ninguna circunstancia, debemos ceder frente al impulso de rebajarnos a su estado y combatir con él desde allí.

Marcar límites. La palabra mágica que destruye a los vampiros energéticos es NO.

No reaccionar. Los vampiros energéticos se alimentan de reacciones. Las desean y procuran generarlas, por cierto, con mucha eficacia. Afortunadamente sus esfuerzos no son realmente tenaces. Si uno se mantiene firme y neutral terminarán buscando otra víctima más propicia.

A menudo el vampiro energético se muestra ferozmente competitivo. Alimentar esa tendencia es peligroso. Relativizar sus enojos, sus frustraciones, sus ataques de ira, es muy efectivo. Los vampiros energéticos no reaccionan bien frente a la burla, pero odian la ironía y el sarcasmo; simplemente no pueden manejarlas.

Más allá de estos consejos, a veces una canción, un recuerdo, el eco de una fragancia, de una voz, de unos pasos que ya no volveremos a oír pero que acuden a nosotros cada vez que nos sentimos solos, son esas armas a las que recurren desde fuera o dentro de nosotros para bajar defensas y "creer otra vez en el olvido", y de idiotas es volver a caer presa de tan hacedores de daño y poner en riesgo nuestra *estabilidad* ya ganada.

En todo caso recurramos a nuestra inteligencia ya adquirida mediante las emociones que aprendimos a reconocer, y así ningún vampiro energético podrá derribar sin pulverizarse contra ella.

*Omar Coello*

6

**El hombre manipulador, a propósito de vampiros energéticos.**

En el año 2006, la psicóloga e investigadora del comportamiento humano Dorothy McCoy publica el libro: *El hombre manipulador: cómo identificar su comportamiento (The Manipulative Man: Identify His Behavior)*, de aquí un ensayo de parte de este libro en el que aporta con el tema de los vampiros energéticos, siendo este el principal tema de este taller interactivo.

La sabiduría tradicional sostiene que las mujeres son las manipuladoras, sentencia absurda que queda rápidamente desprestigiada frente al comportamiento manipulador de una enorme cantidad de hombres; solo que sus estilos, estrategias y herramientas son notablemente distintas y en muchos casos aceptadas por la sociedad como parte de la naturaleza masculina.

De hecho, los hombres pueden ser manipuladores expertos: astutos, necesitados, pasivo-agresivos, inductores de culpa, emocionalmente demandantes; en resumen, poseen todas las características que uno espera de una personalidad manipuladora.

Cualquier mujer enamorada de un hombre manipulador puede dar fe de lo difícil que es cruzar el velo de su encanto para advertir las claras señales, casi síntomas, que la relación con personalidades semejantes pueden producir.

Entre ellas: agotamiento emocional producido por las constantes subidas y bajadas que provocan con su comportamiento y un extraordinario estrés.

Tal vez la mejor forma de lidiar con un hombre manipulador sea, en principio, determinar a ciencia cierta si se trata realmente de una personalidad manipuladora.

Para tal propósito existen varias decenas de tests que pueden ayudar a determinar el matiz reinante en la personalidad manipuladora, es decir, si estamos frente a un sujeto infantil, el típico nene de mamá, un narcisista, un sociópata, o frente a algún rasgo de psicopatía.

Los hombres manipuladores, al igual que sus colegas mujeres, tejen redes que aprisionan a sus parejas. El armado de esta red es constante, progresivo, y se aprovecha de las primeras fases del enamoramiento para establecer un ritmo o dinámica de pareja que luego será muy difícil de quebrar.

Repasemos el típico patrón de comportamiento del hombre manipulador, es decir, la forma en la que teje su red de control sobre su pareja.

El primer rasgo del hombre manipulador es establecer un escenario en el cual su pareja llega a creer que lo necesita, y que sin él es incapaz de seguir adelante. En general, el dinero es un arma poderosa que el hombre manipulador utiliza para convencer de que se lo necesita.

El hombre manipulador emplea la depresión como una herramienta de control. No es extraño incluso que amenace a su pareja con irse de la casa (de hecho lo hace en varias ocasiones), o en el peor de los casos con suicidarse si ésta lo abandona.

Lo que suele engañar y de hecho nadie suele enterarse de que una mujer está con un hombre manipulador, es que suelen ser en presencia de otros, personas de buen humor, de constante sonrisa y muy simpáticos, de imagen alegre a veces hasta el exceso. Amables tanto con hombres como con mujeres, o de inclinaciones extremas. No son de mostrar sus enfados o tristezas, al contrario que con su pareja, en que si las muestran para poder controlar todas las situaciones.

Los juegos mentales son típicos del hombre manipulador, y son capaces de correr el eje de cualquier situación en la que se vea desfavorecido. Por ejemplo, se ofende por cualquier cosa, desplazando el eje de una discusión al mostrarse injustamente atacado y se va de la casa por unos días cada vez que sucede esto, haciendo sentir mal a su pareja con el propósito de que esta lo necesite y le pida volver, y así volver a tomar el control y creerlo y hacerlo creer.

El hombre manipulador maneja también el ritmo de la comunicación. Si se ve a sí mismo arrinconado, es probable que no hable en absoluto, mostrándose visiblemente ofendido y con expresión de enfado, aún contando con que minutos antes y en público todo parecía ir normal. Esta situación provoca "bajones" en la pareja al no comprender qué sucede.

Ahora bien, el objetivo principal del hombre manipulador es aislar a su pareja de cualquier cosa que no sea él mismo. No importa si se trata de familia, amigos o compañeros de trabajo, la pareja del hombre manipulador incluso llegará a sentirse culpable cuando lo deja por unas horas para dedicarle algo de tiempo a su familia.

El hombre manipulador, además, nunca se responsabiliza por sus actitudes. De hecho, siempre culpa a los demás. En cualquier circunstancia, él actúa como una víctima si no se actúa a pedido de sus deseos.

Omar Coello

## 7

**Vampiros energéticos: características, síntomas y cómo protegerse.**

Para reconocer a un vampiro energético —también llamados vampiros psíquicos o vampiros emocionales— primero es necesario conocer cuáles son sus características, luego los síntomas que pueden experimentarse en su presencia, y, recién entonces, entender de qué manera podemos protegernos de la influencia nefasta que éstos emanan.

No hay una sola clave para reconocer a un vampiro energético, sino muchas, casi tantas como características suelen manifestar este tipo de individuos.

A continuación repasaremos las más importantes.

En resumen: los vampiros energéticos ejercen una fuerte influencia sobre las personas que los rodean, en cierto modo, infectándolos con sensaciones de fatiga física y malestar psíquico y emocional.

Algunos investigadores aseguran que solo es necesario compartir el espacio físico durante muy poco tiempo con un vampiro energético para sentirse totalmente agotado, tanto emocional como físicamente.

Este tipo de ataques, por llamarlos de algún modo, no siempre son tan evidentes; ya que el vampiro energético se caracteriza por ser una persona muy hábil, una que constantemente busca apoyo en los demás, pero siempre de un modo obsesivo, enfermizo, e incluso parasitario.

Esto quiere decir, en resumen, que un vampiro energético hará cualquier cosa para no estar solo, lo cual lo llevaría a enfrentarse a sí mismo y a sus miedos.

Solo en presencia de determinadas personas, a las que supuestamente aprecia, se siente con energía. Esto no significa que el vampiro energético sea constantemente el centro de atención; de hecho, son lo suficientemente astutos como para pasar desapercibidos en determinadas circunstancias.

Repasemos ahora, punto por punto, la personalidad y características del vampiro energético, así también como algunos síntomas que pueden experimentarse al estar cerca de ellos y de qué manera es posible protegerse.

### 1. Vampiro energético = víctima:

Los vampiros energéticos se especializan en el arte de la victimización.

Son incapaces de tomar responsabilidad por lo que les ocurre; y más aún, suelen pensar que todos están en su contra, que todos, de algún modo, participan de una conspiración para perjudicarlos.

Este tipo de creencias, naturalmente, le permite al vampiro energético evadir su responsabilidad y, al mismo tiempo, generar compasión y hasta lástima en los demás.

Esta es una de las principales características del vampiro energético: básicamente el chantaje emocional; es decir, el aprovechamiento de cualquier ocasión para manifestar que el resto del mundo está en su contra y, de esa manera, manipular a las personas que lo rodean.

En síntesis: el vampiro energético parte de la premisa falsa de que es una víctima.

### 2. Irresponsabilidad.

Ahora bien, si el vampiro energético no se siente responsable de lo que ocurre a su alrededor, tanto a él mismo como a quienes participan de su círculo íntimo, es lógico deducir que esa falta de responsabilidad lo induce a creer que no debe sentirse culpable de nada.

Esta es la segunda característica del vampiro energético: la total ausencia de culpa.

Por regla general será muy hábil para articular argumentos bastante elaborados, y completamente falsos, para justificar sus reacciones, pero sobre todo para hacerle sentir a los demás que sí son responsables de todo lo que sucede; y no vacila en señalar a los otros en este sentido.

### 3. Narcicismo y Dramatismo.

Con los vampiros energéticos todo se reduce a una cuestión de narcisismo; pero que al mismo tiempo prescinde del verdadero amor propio.

En otras palabras: el vampiro energético no duda en convertirse en el vértice del universo, aún cuando esto lo lleve a asumir una postura ridícula, falta de sentido común, rogando e implorando cuando fallan sus artimañas, o directamente patética.

En este contexto, el vampiro energético es dramático en todos los aspectos de la vida cotidiana.

Todo lo dramatiza, todo lo exagera, convirtiendo de ese modo un asunto de menor importancia, incluso irrelevante, en una verdadera catástrofe personal, desde luego, producto de oscuras fuerzas que intentan perjudicarlo.

Su último recurso, cuando fracasan todos los demás, es romper en llanto o estallar, literalmente, en respuesta a su incapacitad para lidiar con la frustración.

### 4 Celos.

Sería injusto decir que los vampiros energéticos son celosos con sus parejas, ya que esencialmente son celosos de cualquiera que tenga la mala fortuna de integrar su círculo íntimo.

Las razones de estos celos suelen ser ilusorias, totalmente imaginarias, o a lo sumo basadas en cuestiones tan insignificantes que nadie en su sano juicio repararía en ellas. No obstante, la reacción de un vampiro energético celoso es completamente desproporcionada en relación al hecho que la originó.

En cierto modo, el vampiro energético supone que cuando el interés de su pareja, o de cualquier otra persona a la que considera como alguien cercano, se desvía hacia alguien más, aún en una simple conversación, su influencia sobre ella peligra, y en consecuencia reacciona como si el propio vínculo que los une estuviese en riesgo.

**5. Síntomas de castigo.**

Siendo incapaz de manejar el rechazo, y la frustración lógica que eso trae consigo, el vampiro energético es como un perro que simplemente no puede soltar un hueso: insiste, hasta el cansancio, por situaciones y discusiones menores cuya victoria no le brindan mayor satisfacción.

El vampiro energético suele insistir hasta el agotamiento, es cierto, pero no siempre de forma implacable. Por ejemplo, puede ceder en algunas cuestiones, pero generalmente terminará castigando al otro por esa victoria, a menudo con una actitud rencorosa, ofendida, que muchas veces puede conducir a su rival a creer que lo ha tratado injustamente después de todo.

Decirle *no* a un vampiro energético equivale a un insulto.

Y la respuesta a ese insulto imaginario es, desde luego, mostrarse ofendido.

Este tipo de castigo a quienes lo han rechazado es habitualmente psicológico, desde mostrarse ofendidos a generar un clima de convivencia laboral y/o familiar verdaderamente tenso.

Ahora bien, cuando el blanco de este tipo de castigos empieza a evidenciar que su eficacia ha perdido fuerza, el vampiro energético cambia radicalmente de estrategia. Del sentirse ofendido pasa a mostrar un comportamiento conciliador, como si nada hubiese ocurrido anteriormente.

Esta es una de las principales características del vampiro energético: saber adaptar su estrategia de acuerdo a los estados emocionales de sus víctimas.

Es importante entender que los vampiros energéticos conocen perfectamente cuáles son los puntos débiles de las personas que los rodean, y no vacilan en inducirles todo tipo de sentimientos relacionados con el remordimiento y la culpa.

**6. Inseguridad y manipulación.**

El vampiro energético no solo es inseguro, a pesar de que se muestre tenaz y hasta determinado en ciertas circunstancias, sino que además sabe utilizar a la perfección esa inseguridad para arrastrar a los demás a la vibración de su propio estado emocional.

Cualquier persona insegura procura, en la medida de lo posible, evitar aquellas situaciones que lo angustian; en cambio, el vampiro energético las genera él mismo.

Esto le permite victimizarse, infundir sus propios miedos sobre los demás, y, en última instancia, manipularlos.

**7. Argumentos paranoides.**

Otra característica del vampiro energético, respecto de esa realidad en la que todos sus vínculos peligran, es creer que en cualquier momento puede perderlo todo.

Visto a través de la razón, esto no parece necesariamente algo malo, no obstante, el vampiro energético solo teme perder aquello que considera suyo, es decir, de su propiedad: pareja, amigos, trabajo, etc.

Esto induce al vampiro energético a vivir en una realidad sumamente desdichada, llena de miedos, pero también en un plano que le permite, entre otras cosas, realizar pronósticos funestos respecto del futuro, anunciando a cada paso desgracias que rara vez ocurren.

Siendo que teme perderlo todo, el vampiro energético nunca arriesga nada.

### 8. Influencia en los demás.

Sobre su propia vida, ya lo sabemos, el vampiro energético nunca es culpable de nada, pero todo lo contrario ocurre cuando se trata de la vida de los demás.

Se siente con derecho a meterse en todo, y lo ejerce de un modo activo, tratando de tomar decisiones por los demás. Su pareja rara vez podrá hacer algo sin tomar en cuenta sus opiniones.

De hecho, si alguien hace algo sin consultarlo, esto suele ser tomado como una ofensa directa, la cual, naturalmente, debe ser castigada.

Comentarios críticos, inapropiados, agresivos, incluso, son moneda corriente en él. Su nivel de crítica sobre los demás, y sobre todo de expectativa, es francamente intolerable. Nadie, jamás, hace las cosas tan bien como él.

## 9. YO.

Con los vampiros energéticos todo tiene que ver con ellos mismos; y cualquier cosa, por absurda que parezca, que contradiga sus intereses, es tomada como un ataque directo, o como una prueba de esa conspiración global de la que hablábamos anteriormente.

Ahora bien, siendo que todo el mundo orbita a su alrededor, el vampiro energético se ubica en el centro de todo. Esto significa que pondrá sus intereses y preocupaciones particulares por delante de las necesidades elementales de los demás.

## 10. Insatisfacción.

Finalmente, la característica del vampiro energético por excelencia es, desde luego, la insatisfacción.

Aún cuando consiga lo que quiere, probablemente no sea suficiente para él. Las pocas cosas que de hecho lo satisfacen rápidamente son desechadas luego de ser obtenidas, transformándose así en otro motivo de insatisfacción.

Lo curioso es que, visto desde afuera de su círculo íntimo, el vampiro energético puede ser visto como un sujeto muy activo, ya que todo el tiempo corre detrás de metas que, según él, le brindarán una profunda y genuina alegría.

De cerca, en cambio, se observa que esos mismos objetivos, cuando son cumplidos, no le producen la más ínfima satisfacción.

Este grado de insatisfacción responde a una cuestión muy simple: al vampiro energético nada le interesa realmente, nada le produce placer; de forma tal que su respuesta es aumentar una y otra vez su nivel de exigencia sobre los demás, sobre su trabajo, sobre la vida misma, como si esta, y todos, en cierto modo, estuviesen en deuda con él.

*Omar Coello*

# 8

**Chantaje emocional: cuando las personas usan el miedo para manipularte**

El chantaje emocional, es una poderosa arma de manipulación que algunas personas utilizan para castigar a quienes no se comportan de un modo adecuado a sus deseos.

Desde luego, el chantaje emocional solo puede ejercerse sobre alguien que estima una relación determinada. Los chantajistas emocionales conocen nuestros puntos vulnerables y, sobre todo, nuestros secretos: pueden ser nuestros amigos, compañeros, familiares e incluso nuestras parejas.

*Omar Coello*

**9**

**Vampiros emocionales: como lidiar con personas que se alimentan de tu energía**

Los vampiros emocionales, también llamados vampiros energéticos o vampiros psíquicos, integran una excepcional y prolífica estirpe de personas capaces de absorber la energía mental y física de quienes tienen la mala fortuna de rodearlos.

Entre los tipos más populares de vampiros emocionales se encuentran los sujetos antisociales, histriónicos, narcisistas, obsesivos-compulsivos y paranoides. Para lidiar con cada uno de ellos es preciso entender la naturaleza y el deseo que los impulsa.

# 10

**Vampiros psíquicos: cómo protegerse de predadores y parásitos energéticos**

Tal como lo anuncia ampulosamente su título: *Vampiros psíquicos: cómo protegerse de predadores y parásitos energéticos* es un libro maldito de la investigadora Susan Foward, que promete revelar todos los secretos de estas voraces criaturas energéticas conocidas como vampiros psíquicos, vampiros energéticos o vampiros emocionales.

Naturalmente, una obra semejante padece

todos los vicios del impacto comercial. No solo promete decir algo acerca de los vampiros psíquicos, cuyo primer síntoma a menudo tiene relación directa con algún tipo de desorden alimenticio, sino que intenta desarrollar la idea de una especie de conspiración mundial; cuyas células serían los vampiros psíquicos, seguidos por los parásitos energéticos, y finalmente la cabeza de esta cofradía siniestra: el vampirismo global.

El libro sostiene que no cualquiera puede convertirse en un Vampiro Psíquico. Para participar de esta especie nefasta es necesario poseer algunos factores indispensables. Entre ellos, las vidas pasadas.

Acto seguido, acaso contradiciendo su título: *Vampiros psíquicos: cómo protegerse de predadores y parásitos energéticos*, el libro procede a enumerar distintas técnicas de protección contra los ataques de un vampiro energético, pero también la forma de reservar las energías psíquicas y utilizarlas con propósitos impermeables a la ética.

Los rituales esotéricos y ocultistas de *Vampiros psíquicos: cómo protegerse de predadores y parásitos energéticos* no ofrecen demasiada complejidad, incluso para el lector profano que comienza a aventurarse en el mundo de los fenómenos paranormales.

Ahora bien, ¿cuáles son los síntomas del ataque de un vampiro psíquico?

La mayoría de las víctimas de los vampiros energéticos manifiestan las mismas impresiones: fatiga, falta de concentración, perturbación del sueño, ansiedad, falta de apetito sexual, inconsistencia cognitiva, pérdida de la memoria, entre otras.

*Omar Coello*

## Para Cerrar

Acotar, que si bien es cierto en todo estos escritos, hemos abordado el tema de los vampiros energéticos, maneras de descubrirlos, maneras de defenderse, modos de reconocerlos, etc; ahora para finalizar, el apunte es acerca de los infectados, que no son sino, personas que una vez que estuvieron en contacto y embuídos en relaciones en sus experiencias de vida, no han dejado a un lado el estar y seguir atrapados en esta vorágine que son ocasionados por estos "pesados" seres.

La infección es parte de la experiencia, por la tanto la sanación también lo es, pero para esto, lo importante es la voluntad que se tenga a la hora de realizar los cambios necesarios para limpiar de los residuos que estos parásitos dejan en nuestras emociones, y así no entorpezcan el normal desarrollo de nuestra vida.

Las personas infectadas, por lo general muestran el olvido de las acciones en contra de ellas acometidas por un vampiro energético, así como también, en otros casos, justifican ante la gente las acciones contra ellas ante los demás, por lo que son constantemente vulnerables a sus maniobras.

Para ello, es justo y necesario reconozcamos si estamos infectados. En base a las descripciones dadas por la investigadora Susan Forward, los infectados, realizan actos que activan y mantienen la energía de estos parásitos y su presencia se invoca ya no físicamente, sino energéticamente, lo que suele acarrear a distancia problemas en nuestras nuevas relaciones, tanto humanas, románticas, o profesionales, afectando el entorno en donde nos encontramos, también.

Como parte de actos que hacen que esta energía se canalice hacia algo contraproducente para nuestra vida, son por ejemplo: guardar y conservar fotos, cartas, artículos, tarjetas postales, etc que tengan que ver con la "supuesta" pasada relación. Revisión a través de la redes sociales de perfiles y biografías, atender y responder llamadas telefónicas y mensajes de correos electrónicos. ¿Para qué revolver el pasado, cuando tenemos una vida ahora mismo?

A decir de la investigadora Susan Forward, todo esto no hace sino que confundir el pensamiento nuestro como de quienes comparten nuestro nuevo entorno:

*"Sabemos que tenemos que modificar la situación y, reiteradamente, nos prometemos que lo haremos, sólo para encontrarnos, una y otra vez, burlados y manipulados, como que hemos caído de nuevo en una trampa.*

*Comenzamos a dudar de nuestra capacidad de mantener la promesa que nos hacemos, y perdemos la confianza en nuestra eficiencia. Nuestra autoestima se va erosionando. Junto con nuestra integridad, perdemos la brújula interior que nos ayuda a determinar cuáles deberían ser nuestros valores y nuestra conducta.*

*Cuando convivimos con él, el chantaje emocional nos carcome y se expande hasta dañar en lo más hondo la relación en si, y nuestra propia autoestima".*

Debemos entender esto: nuestro destino es ser felices, es inevitable. No podemos dejar de "salvarnos". No hay más infierno que ignorar esto. Nada puedo resultar más perjudicial para nosotros mismos como para los demás.

Recordemos que la vida es una constante creación. Todos somos artistas, y la creamos a base de elecciones y decisiones. ¡Es nuestra gran obra de arte nuestra propia vida!

Para ello, es importante, que elijamos y decidamos lo que nos sirve, si por un lado, optamos ser victimarios, victimas, o infectados, es nuestra elección y decisión, pero eso si: atengámonos a las consecuencias.

El tema da para más, y en una nueva edición abordaremos más el tema de victimas e infectados. Tratemos de saber elegir y decidir lo que nos ayude a evolucionar y mantener en armonía nuestra propia cosmovisión interior con la de los seres y lugares que realmente nos aportan y no nos restan.

Seamos, francos y sinceros con nosotros mismos y reitero:

¡Seamos felices, aquí y ahora!

Omar Coello/2018

Made in the USA
Columbia, SC
28 August 2020